Verteidigung gegen Stockangriffe

Israelische Stockabwehr dargestellt mit Farbfotos

von

Diplom-Sozialökonom

Stefan Wahle

Krav Maga Instructor
6. Dan Ju-Jutsu

Impressum

©2016 copyright by Stefan Wahle, Hamburg

1. Auflage 2016

Autor: Stefan Wahle

E-Mail: info@sw-sportbuch.de

Internet: www.sw-sportbuch.de

Fan-Page von Stefan Wahle bei Facebook.com:
http://www.facebook.com/Stefan.Wahle.Autor

Jegliche Haftung für Personen-, Sach- oder Vermögensschäden seitens des Autors, die im Rahmen der Ausübung der hier vorgestellten Techniken und Handlungsweisen erfolgen, ist ausgeschlossen. Jeder ist für sich und sein Handeln selber verantwortlich.

Verlag und Herstellung:
BoD - Books on Demand, Norderstedt

ISBN: 978-3-7412-2498-0

Offizielles Lehrbuch

der

Krav Maga Sawah Organisation Deutschland

www.kravmaga-sawah.de

http://www.facebook.com/Kravmaga.Sawah

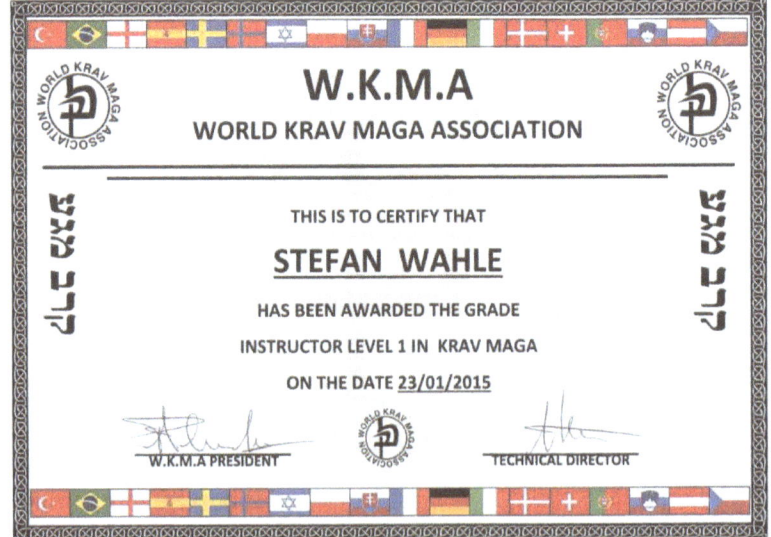

Inhaltsverzeichnis

1.	Vorwort / Einführung
1.1.	Vorwort zum ersten Band "Grundtechniken"
1.2.	Vorwort zum Band "Verteidigung gegen Stockangriffe"
2.	Angriffe / Bedrohungen mit Waffen
2.1.	Angriffe mit dem Stock
2.1.1.	Stockstiche
2.1.1.1.	einhändig
2.1.1.2.	beidhändig
2.1.2.	Stockschläge
2.1.2.1.	von oben
2.1.2.1.1.	einhändig
2.1.2.1.2.	beidhändig
2.1.2.2.	von außen
2.1.2.2.1.	von außen einhändig
2.1.2.2.2.	von außen beidhändig
2.1.2.3.	von innen
2.1.2.4.	zum vorderen Bein
3.	Ziele am menschlichen Körper
4.	Ausführungen zur Notwehr und Nothilfe
5.	Buchempfehlungen
6.	Über den Autor

Wochenblatt Barmbek ÄNDERN

| Startseite | Beitrag erstellen | Meine Seite | Verlag/Anzeigen | Online-Ausgaben |

Aktuelles   Lokales   Polizei   Kultur   Sport   Veranstaltungen   Menschen   Handel und Wirtsch

Region › Barmbek › Sport › 6. Dan Ju-Jutsu für Stefan Wahle aus Barmbek zum 30-jährigen Mattenjubiläum

6. Dan Ju-Jutsu für Stefan Wahle aus Barmbek zum 30-jährigen Mattenjubiläum

Der Barmbeker Sportbuchautor **Stefan Wahle** betreibt seit 1985 die Kampfkunst Ju-Jutsu. Im Rahmen seines 30-jährigen "Mattenjubiläums" wurden ihm von diversen Sportverbänden Ehrungen zuteil. Unter anderem wurde ihm für seine sportlichen Verdienste und sein ehrenamtliches Engagement der **6. Dan Ju-Jutsu** verliehen.

Weitere Infos auf der Fan-Seite von Stefan Wahle bei Facebook:
http://www.facebook.com/Stefan.Wahle.Autor

4 Bilder ▶

6. Dan Ju-Jutsu für Stefan Wahle zum 30-jährigen Mattenjubiläum

Veröffentlichung mit freundlicher Genehmigung des Autors und Fotografen Otto Meier, Laboe

1. Vorwort / Einführung
1.1. Vorwort zum ersten Band "Grundtechniken"

Als ich in den achtziger Jahren mit Ju-Jutsu im Polizeisportverein begann, bezeichneten wir uns alle noch einfach als Kampfsportler. Das deutsche Ju-Jutsu wurde damals als moderne Selbstverteidigung durch den Deutschen Judo Bund propagiert und im Rahmen der Polizeiausbildung bundesweit praktiziert.
In den neunziger Jahren kamen die Wing Tsun Leute und nannten sich Kampfkünstler, um sich von den Kampfsportlern abzugrenzen. Wing Tsun wurde als ultimative Selbstverteidigung „verkauft" (im wahrsten Sinne des Wortes!).
Jetzt aktuell ist Krav Maga auf dem Vormarsch. Dort möchte man weder Kampfsportler noch Kampfkünstler sein, sondern sieht sich als Praktizierende eines Selbstverteidigungssystems.
Dabei existiert eine Vielzahl von Verbänden. Diese bezeichnen sich immer noch als Sportverband, sind aber längst keine gemeinnützigen, eingetragenen Vereine mehr sondern Unterabteilungen oder bloße eingetragene Marken von privatwirtschaftlichen Gesellschaften in der Rechtsform einer GmbH oder GbR. Dahinter stehen zum Teil einzelne Privatleute mit entsprechender Gewinnerzielungsabsicht. Der ehrenamtliche Vereinsvorsitzende und Verbandsfunktionär haben ausgedient.
Ich bin in verschiedenen nationalen und internationalen Krav Maga Verbänden Mitglied und besuche dort regelmäßig Fortbildungen. Auch habe ich mich eingehend mit dem Studium von Lehrbüchern und DVDs

beschäftigt. Dabei konnte ich feststellen, dass sich inhaltlich von den Techniken her kaum Unterschiede feststellen lassen. Es werden auch heute die gleichen Techniken im Krav Maga gelehrt, die ich schon in den achtziger Jahren beim Ju-Jutsu im Polizeisportverein kennengelernt habe. Ich war sehr überrascht, dass oftmals auch noch Würfe zum Ausbildungsprogramm mancher Krav Maga Verbände gehören. So propagiert der angesehene Darren Levine von der Organisation Krav Maga Worldwide in seinen Publikationen für den Braungurt-Level sogar Selbstfallwürfe wie den Kopfwurf, den Talfallzug und das Seitenrad (Ju-Jutsuka wissen wovon ich spreche). Er vertritt die Auffassung, diese Würfe seien zwar nicht erste Wahl im Krav Maga, aber es sei gut, sie für alle Fälle zu können. Da kann man natürlich geteilter Meinung sein. Nach meiner Meinung gehören solche Techniken, insbesondere Selbstfallwürfe mit erheblicher Eigengefährdung im Hinblick auf evtl. mehrere Angreifer, nicht in ein Selbstverteidigungssystem sondern eher in den Kampfsportbereich. Es widerspricht dem Grundsatz der Einfachheit, dem Selbstverteidigung entsprechen sollte, und bläht den Technikumfang unnötig auf.

Die gravierendsten Unterschiede gibt es wohl zwischen israelischen und europäischen Krav Maga Verbänden. In einer Krisenregion wie Israel mit einer ständigen terroristischen und militärischen Bedrohung wird natürlich ganz anders „gearbeitet" als in einer Fußgängerzone in Hamburg. Allein schon deswegen, weil man in einer deutschen U-Bahn weniger mit Handgranaten angegriffen wird. Auch sind die Besonderheiten der

europäischen rechtlichen Regelungen zu berücksichtigen.
Aber was ist nun beim Krav Maga anders als bei herkömmlichen Kampfsport-/Kampfkunstarten?

Der wesentliche Unterschied liegt in der Art und Weise des Trainings.
Das Schlagpolstertraining ist sehr wichtig und auch das Training mit dem sogenannten „schwarzen Mann" im Vollschutzanzug. Es ist wichtig für das Distanzgefühl nicht wie bei vielen Kampfsportarten üblich rechtzeitig vor dem Gesicht abzustoppen sondern durchzuschlagen und dabei einen Widerstand zu spüren. Des Weiteren werden Stress- und extreme körperliche Belastungs-Situationen sowie Rollenspiele simuliert.
Natürlich sucht man komplizierte Show-Techniken und artistische Elemente im Krav Maga vergeblich. Hier geht es nicht um gutes Aussehen sondern Effektivität. Einen wichtigen Satz von Imi Lichtenfeld sollte man sich merken: „Keep it simple!". Die Verteidigung sollte so einfach wie möglich sein, denn alles was kompliziert ist, wird im Ernstfall eh nicht funktionieren.
Ein wichtiges Element ist auch die **Gleichzeitigkeit von Abwehr und Konter.** Bei der Darstellung von Verteidigungssituationen in diesem Buch wurden teilweise aus didaktischen Gründen Block und Konter getrennt voneinander dargestellt, um die einzelnen Techniken besser erläutern zu können. Dennoch sollte natürlich immer soweit möglich beides zeitgleich erfolgen!
Wir müssen des Weiteren immer davon ausgehen, dass unser Gegner nicht bei unserem ersten Gegenschlag zu Boden geht und der Kampf beendet ist, so dass wir

immer mit „Kombinationen", also der Aneinanderreihung mehrerer Kontertechniken, arbeiten sollten.

Der Begriff „Krav Maga" kommt aus dem Hebräischen und bedeutet übersetzt Kontaktkampf. Dieses System wurde maßgeblich von dem in Ungarn geborenen Imi Lichtenfeld entwickelt und nach der Gründung von Israel von diesem bei der israelischen Armee unterrichtet. Von dort aus fand das Erfolgskonzept in Sachen Selbstverteidigung seine Verbreitung auf der ganzen Welt unter ständiger Weiterentwicklung und unter Einfluss lokaler Besonderheiten.

Dieses Buch soll eine erste Einführung in das Thema israelische Selbstverteidigung darstellen und den Praktizierenden als unterstützendes Lehrmittel begleiten. Es kann und will jedoch ein regelmäßiges Training in einer Gruppe mit einem ausgebildeten Krav Maga Instructor nicht ersetzen.

Ich wünsche viel Spaß und Erfolg beim Training!

1.2. Vorwort zum Band "Verteidigung gegen Stockangriffe"

Unter Kampfkünstlern/-sportlern wurde das Thema Waffenabwehr schon immer sehr kontrovers diskutiert. Da ging es immer um die Fragen, was realistisch sei und ob man überhaupt die Abwehr von z.b. Schusswaffen unterrichten sollte.
Wir als Praktizierende des Selbstverteidigungssystems "Krav Maga" haben dazu eine eindeutige Position. Jegliche Auseinandersetzung und Eskalation sollte möglichst im Vorwege vermieden werden. Sollte dies nicht gelingen, so ist unser erstes Verteidigungsmittel der Wahl immer die "Flucht". Ein Kampf, der nicht stattfindet, ist im Sinne der Selbstverteidigung ein gewonnener Kampf.
Sollte sich eine Auseinandersetzung nicht vermeiden lassen und ist auch eine Flucht nicht möglich, so können uns die in diesem Buch gezeigten Techniken zumindest dabei helfen, das Verletzungsrisiko zu verringern und die Chance zu erhöhen, den Angriff zu überleben. Wer jedoch meint, einen bewaffneten Angriff wie der Held eines Actionfilms unbeschadet überstehen zu können, liegt leider in der Regel falsch. Ein bewaffneter Angreifer hat immer mindestens zwei Vorteile. Erstens er startet die Aktion als erster und zweitens er hat eine Waffe.

In diesem Buch beschäftigen wir uns mit dem Stock als Waffe. Ähnliche Alltagsgegenstände als Angriffswaffe verwendet, wie Regenschirm, Gehstock, Besen, das gute alte Nudelholz usw. werden dadurch auch abgedeckt, da die Abwehrmaßnahmen und deren Prinzipien gleich bleiben.

Beim Üben bitte ich besonders vorsichtig zu sein. Bitte verwenden Sie ausschließlich ungefährliche Übungswaffen am besten mit Schaumstoff ummantelt. Auch eine gute Schutzausrüstung ist unerlässlich, um Verletzungen zu vermeiden: Schutzbrille, Kopfschutz, Schutzweste, Tiefschutz, Mundschutz, Ellenbogen- und Knieschützer etc.. Und gehen Sie stets verantwortungsbewusst mit Ihrem Übungspartner um.

2. Angriffe / Bedrohungen mit Waffen

Allgemein sollte beachtet werden, dass auch bereits eigentlich abgeschlossene Konflikte, in denen noch keine Waffen im Spiel waren, eine überraschende Wendung nehmen können. Insbesondere Türsteher wurden in der Vergangenheit immer wieder mit diesem Phänomen konfrontiert. Abgewiesene "Problemfälle" kamen nach einer erledigten Auseinandersetzung noch einmal zurück, nachdem sie sich aus ihrem Auto, einer nahen Wohnung oder von einem Freund eine Waffe besorgt hatten. Wenn sie also nicht gerade aus dienstlichen Gründen wie die Türsteher am Ort des Geschehens verweilen müssen, entfernen Sie sich unverzüglich von dort. Bringen Sie sich in Sicherheit und verständigen Sie von dort aus die Polizei. Und seien Sie bei "Rückkehrern" immer besonders auf der Hut und rechnen mit Waffenangriffen!

Behalten Sie bei einem Streit grundsätzlich **die Hände des Aggressors im Auge**, denn **von ihnen geht die größte Gefahr aus**. Befindet sich eine Hand hinter dem Rücken, hinter dem Bein oder sonst wie verdeckt, so müssen wir das als Hinweis auf einen möglichen Angriff mit einer Waffe deuten.

Drehen Sie den Gegnern auch nach Beendigung der Auseinandersetzung nie den Rücken zu!

2.2. Angriffe mit dem Stock

Sind es bei einem Messer die Spitze, die scharfe Schneide und die verdeckten Tragemöglichkeiten, die uns bei der Abwehr Probleme bereiten, so ist es beim Stock aufgrund dessen Länge die erhöhte Reichweite. Insbesondere bei den Stockstichen ist die Ausnutzung der maximalen Reichweite des Stockes die besondere Gefahr.

Vergleichbare Gegenstände sind z.B. Baseballschläger, Gehstöcke, Regenschirme, Bratpfannen und Hämmer, die ebenfalls als Schlagwerkzeuge verwendet werden können. Sie alle haben für uns als Verteidiger jedoch den Vorteil, dass sie aufgrund ihrer Größe in der Regel frühzeitig zu erkennen sind und wir uns auf einen bewaffneten Angriff einstellen können.

Der Stock kann einhändig oder beidhändig an einem Ende gehalten werden und es sind mit ihm Stiche mit der Spitze sowie Schläge mit dem gesamten Stock möglich. Aufgrund der maximalen Beschleunigung beim Schlag ist der äußere, am weitesten vom Schlagarm entfernte Teil des Stockes der gefährlichste für den Verteidiger. Hier erfolgt die höchste Energieabgabe. Aber auch das kurze Stockende kann gerade im Nahkampf zum Einsatz kommen.

Zunächst muss unser Bestreben jedoch immer sein, uns aus dem Gefahrenbereich des langen Stockendes zu bewegen. Ist eine Flucht zu Anfang nicht möglich, führt uns dies zu den bereits bekannten, möglichst zeitgleichen Handlungsschritten:

1. **Ausweichen**
   Wir bewegen uns aus der Schlagrichtung und von der Tendenz her **auf den Angreifer zu**, immer weg vom langen Stockende.
2. **Blocken / Fegen**
   Wir stoppen die Schlagbewegung mit einem Block oder leiten sie mit einer fegenden Bewegung um. Bei der speziellen Handspeer-Verteidigung lassen wir den Schlag an unserem Arm und unser Körperaußenseite "abgleiten".
3. **Konter**
   Z.B. Handballentechnik, Ellenbogen zum Kopf, Fausttechniken zum Kopf, Knieschläge.

Nach den wichtigsten, ersten drei Handlungsschritten folgen dann:

4. **Fixierung des Schlagarmes oder des Stockes**
   Durch Umschlingen oder Festhalten des Schlagarmes oder Stockes verhindern wir weitere Angriffe mit dem Stock.
5. **Weitere Kontertechniken**
   Wir bearbeiten den Aggressor mit weiteren Kontertechniken bis er handlungsunfähig ist oder wir ihn entwaffnen können.
6. **Flucht**
   Wir flüchten vom Ort des Geschehens, sobald dies für uns gefahrlos möglich ist.

2.1.1. Stockstiche
2.1.1.1. Stockstich einhändig, hoch + tief

1 Stockstich zum Hals (hoch)

2 Ausfallschritt + Block

3 Schritt zum Gegner

4 Fixierung + Konter

Der hohe einhändige Stich erfolgt mit der Stockspitze zu unserem Hals. Wir machen einen Ausfallschritt nach rechts und blocken den Stock mit dem linken Unterarm. Dann springen wir mit einem zweiten Schritt auf den Gegner zu, umschlingen von <u>oben</u> seinen Arm mit links und stoßen einen rechten Handballen in sein Gesicht.

5 Nahaufnahme von Bild 4

6 Knieschlag

7 Fußtritt zum Knie

8 Entwaffnung

In der Nahaufnahme 5 ist zu sehen, wie wir den waffenführenden Arm in unserer Achsel eingeklemmt haben. Nach mehrfachen Handballentechniken ins Gesicht erfassen wir mit der rechten Hand die Schulter und ziehen den Angreifer in mehrere Knieschläge. Dann noch ein Fußtritt gegen sein Knie und wir können den Stock dem Griff entwinden. Bei Bedarf können wir den sichergestellten Stock zur weiteren Verteidigung nutzen.

9 Stockstich tief

10 Ausfallschritt + Block

11 Schritt zum Gegner

12 Fixierung + Handballenstoß

Wir werden mit einem tiefen Stockstich in Richtung unseres Unterleibes angegriffen. Wir weichen mit einem Ausfallschritt nach rechts verbunden mit einem Körperabdrehen entgegen dem Uhrzeigersinn aus. Gleichzeitig blocken wir den Stock mit einem Tiefblock nach außen. Dann gehen wir mit einem zweiten Schritt auf den Angreifer zu, umschlingen den Waffenarm von <u>unten</u> mit links und kontern mit einem Handballenstoß.

13 Knieschlag

14 Armstreckhebel

15 am Boden festlegen

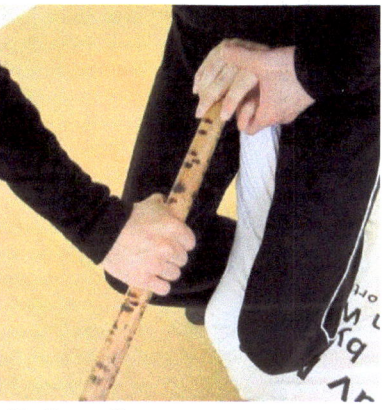
16 Entwaffnung

Diesmal haben wir den Waffenarm in unserer linken Ellenbogenbeuge eingeklemmt. Nach den Handballenstößen ergreifen wir mit der rechten Hand die Schulter und ziehen den Gegner in mehrere Knieschläge. So vorbereitet können wir ihn unter Druck auf das Ellenbogengelenk mit einem Armstreckhebel zu Boden bringen. Dort legen wir ihn auf dem Bauch fest, indem wir uns mit links auf sein Schulterblatt knien. Dann entwaffnen wir.

2.1.1.2. Stockstich beidhändig

Hohe Ausführung, Verteidigungsvariante 1

17

Der Angreifer hält den Stock diesmal mit beiden Händen und greift mit einem Stich mit der Stockspitze gegen unseren Hals/Kopf an.

18
Ausfallschritt + Fegen

Wir machen einen Ausfallschritt nach vorne-links, drehen unseren Oberkörper leicht nach rechts aus der Angriffslinie heraus und fegen den Stock mit beiden Händen (Technik: "Handfegen").

19 Fixierung + Knieschlag   20 Fußtritt zum rechten Knie

21 Beginn Entwaffnung

Wir ergreifen den Stock mit beiden Händen und ziehen den Gegner in einen Knieschlag. Es folgt ein linker Knee-Kick auf sein rechtes Knie und wir beginnen mit der Entwaffnung durch eine bogenförmigen Bewegung zunächst nach oben und dann nach unten auf den Aggressor zu.

22

Wir setzen die Entwaffnung fort...

23 Fußtritt

...und treten bei weiterem Widerstand mit einem linken Fußtritt gegen den linken Innenmeniskus.

Hohe Ausführung, Verteidigungsvariante 2

24

25 Ausfallschritt + Fegen

26 fixieren + kontern

Als zweite Verteidigungsvariante können wir nach dem Ausfallschritt nach vorne-links und dem beidhändigen Handfegen den Stock mit der linken Hand sichern, während wir mit rechten Vertikalfauststößen mehrmals das Gesicht des Angreifers bearbeiten. Weitere Folgetechniken: Knieschläge, Tritte und zum Abschluss Entwaffnung.

Tiefe Ausführung zum Unterleib

27

Der Aggressor greift uns diesmal mit einem tiefen beidhändigen Stockstich an und überrascht uns in der unvorbereiteten Position.

28
ausweichen + blocken
Durch ein Körperabdrehen im Uhrzeigersinn verbunden mit einem Ausfallschritt nach vorne-links schmeißen wir uns aus der Angriffslinie. Gleichzeitig leiten wir den Angriff mit einem linken Tiefblock nach innen um.

29 Fixierung
+ Handballenstoß

Mit der linken Hand fixieren wir die Arme des Angreifers und blockieren sie für weitere Angriffe. Gleichzeitig stossen wir mehrere Handballenstöße in das Gesicht.

30 Knieschlag

Dann sichern wir mit beiden Händen die gegnerischen Arme und ziehen ihn in mehrere Knieschläge.

2.1.2. Stockschläge
2.1.2.1. von oben
2.1.2.1.1. einhändig

Verteidigungsvariante 1

31

32 Ausweichen, Block + Konter

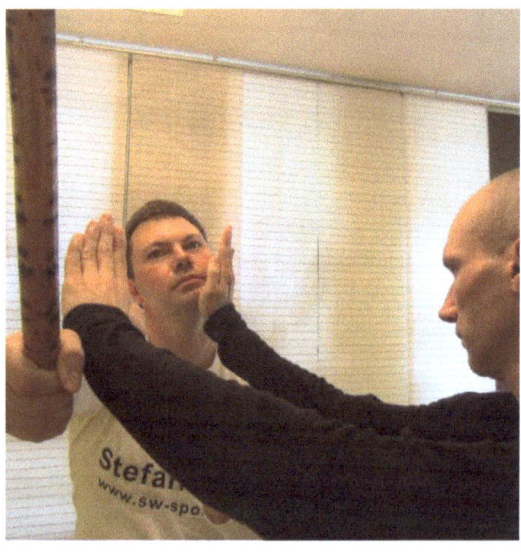

33 Nahaufnahme 32

Wir werden mit einem einhändigen Stockschlag von oben angegriffen. Wir machen einen Ausfallschritt nach rechts-innen, blocken mit einer fegenden Bewegung und kontern **gleichzeitig** mit einem rechten Handballenstoß.

34 Knieschlag

35

36 Armbrecher

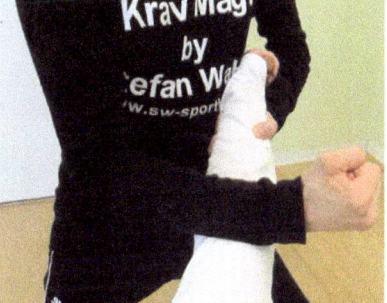
37 Nahaufnahme von Bild 36

Wir umschlingen den waffenführenden Arm von oben mit links und erfassen mit unserer rechten Hand die gegnerische Schulter, um ihn in mehrere Knieschläge zu ziehen. Weiterer Widerstand kann durch Hammerschläge zum Hals gebrochen werden. Dann schlagen wir mit dem Unterarm auf das Ellenbogengelenk, um es zu brechen. Alternativ können wir den Angreifer auch mit einem Armstreckhebel zu Boden bringen, festlegen und entwaffnen.

Verteidigungsvariante 2

38

Angriff: Einhändiger Stockschlag von oben.

39 "Handspeer-Verteidigung"

Wir gehen mit einem Ausfallschritt nach vorne-links in den Angriff hinein. Wir strecken unseren Oberkörper und unsere Arme nahezu in einer Linie nach schräg-vorne-oben. Dabei trifft unsere rechte Faust ins Gesicht, während der Stockschlag an unserer linken Körperaußenseite abgleitet.

40
Ansicht von hinten

Unser Kopf befindet sich gut geschützt zwischen unseren beiden Armen. Der Schlag kann an unserer linken Körperaußenseite gefahrlos heruntergleiten.

41 Nahaufnahme

Der linke "Handspeer" schießt an der Kopfseite des Angreifers vorbei, während unsere rechte Vertikalfaust in seinem Gesicht einschlägt.
Unser linker Oberarm ist in Höhe unseres linken Ohres.

42 Fixierung

43 Knieschlag

44 Armstreckhebel / Armbrecher

45 Entwaffnung

Wir umschlingen mit links den waffenführenden Arm von oben und fixieren ihn in unserer Achsel. Mit der rechten Hand ergreifen wir die Schulter und ziehen den Gegner in mehrere Knieschläge. Dann ziehen wir den Arm lang in einen Armstreckhebel und können im Stand entwaffnen oder wir führen ihn mit dem Streckhebel zu Boden, wo wir ihn festlegen und entwaffnen können. Alternativ ist anstatt des Streckhebels auch ein Armebrecher möglich.

2.1.2.1.2. beidhändig von oben
Verteidigungsvariante 1

46   47

48 "Handspeer-Verteidigung"

Wir werden mit einem Baseballschläger mit einem beidhändigen Schlag von oben angegriffen. Wir machen einen Ausfallschritt nach vorne-rechts, ziehen dabei das linke Bein nach und lassen durch eine linke "Handspeer-Verteidigung" den Schlag an unserer linken Körperaußenseite abgleiten.

49 andere Ansicht "Handspeer-Verteidigung" von hinten

Der linke Handspeer stößt nach schräg-vorne-oben am Kopf des Angreifers vorbei. Unser Kopf befindet sich mit dem linken Ohr an unserem Oberarm und wird zwischen die Schultern eingezogen. Die rechte Hand ist zur Deckung angehoben und wir ziehen unseren linken Fuß nach, damit dieser nicht von dem herabsausenden Baseballschläger getroffen wird.

50 Fixierung

51 Handballenstoß

52 Nahaufnahme von Bild 51

53 Knieschlag

Wir machen mit dem linken Fuß einen Schritt auf den Aggressor zu und umschlingen mit links von oben seine beiden Arme. Während wir seine Arme in der Achsel einklemmen, bearbeiten wir sein Gesicht mit mehreren rechten Handballenstößen. Dann platzieren wir noch einen Knieschlag in den Unterkleib und können abschließend mit einem "Armbrecher" auf seinen linken Ellenbogen eine Entwaffnung herbeiführen.

Verteidigungsvariante 2

54

Angriff: Beidhändiger Schlag mit einem Baseballschläger von oben.

55 "Doppelfegen"
Wir gehen mit einem Ausfallschritt nach rechts, drehen unseren Oberkörper nach links aus der Angriffslinie und leiten die gegnerischen Arme mit einer fegenden Bewegung mit beiden Händen um.

56

57

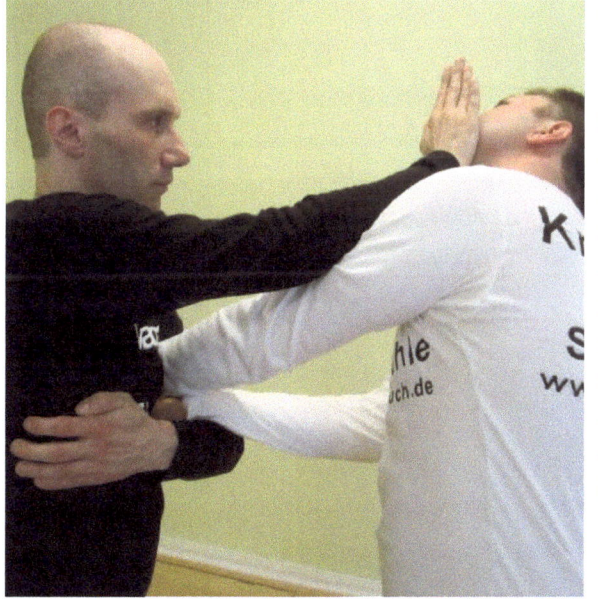

58 fixieren + kontern

Danach gehen wir wieder sofort einen linken Schritt auf den Gegner zu, umschlingen und sichern seine Arme von oben und kontern mit mehreren rechten Handballenstößen in sein Gesicht. Weitere Folgetechniken: Knieschläge, Armbrecher, Entwaffnen und Flucht.

2.1.2.2. von außen
2.1.2.2.1. von außen einhändig

59   60

61 "Keilblock"

Der Angriff erfolgt mit einem einhändigen Stockschlag von außen. Wir gehen mit einem Ausfallschritt nach vorne-links in den Gegner hinein. **Gleichzeitig** blocken wir mit dem linken Unterarm den waffenführenden Arm und schlagen mit unserem rechten Unterarm auf den Hals.

62 Nahaufnahme von 61 aus anderer Perspektive: Block + Schlag

63 Fixierung   64 Knieschlag

65 Armstreckhebel / Armbrecher

Wir umschlingen den gegnerischen Arm und klemmen ihn in unserer linken Achsel ein. Mit der rechten Hand erfassen wir die Schulter und ziehen den Angreifer in mehrere Knieschläge. Dann ziehen wir den Arm lang und können unseren Kontrahenten mit einem Armstreckhebel nach schrägvorne zu Boden ziehen. Wir legen ihn auf den Bauch, knien uns auf seinen Rücken, legen ihn fest und entwaffnen ihn (siehe hierzu Bilder 15-16 auf S. 19). Alternativ wäre auch ein Armbrecher im Stand möglich.

2.1.2.2.2. von außen beidhändig

66

67

68 Ausfallschritt + Doppelblock

Der Gegner greift uns mit einem beidhändigen Schlag von außen mit einem Baseballschläger an. Wir machen einen Ausfallschritt nach vorne-rechts und drehen unseren Oberkörper nach links. Gleichzeitig blocken wir mit unseren beiden Unterarmen den linken Schlagarm in den Bereichen Unter- und Oberarm.

69 Fixierung + Handballenstoß

70

71 Hammerschlag

72 Armbrecher

Wir gehen einen linken Schritt auf den Gegner zu, umschlingen seine Arme von oben, klemmen sie in unserer linken Achsel ein und kontern mit mehreren rechten Handballenstößen in sein Gesicht. Anschließend können wir mehrere Hammerschläge mit der Faustunterseite gegen den Kopf sowie einen Schlag mit dem Unterarm auf das linke Ellenbogengelenk ("Armbrecher") folgen lassen.

73 Knieschlag

Unter der Beibehaltung der Armfixierung erfassen wir mit der rechten Hand die gegnerische Schulter und ziehen ihn in mehrere Knieschläge in den Unterleib.

2.1.2.3. von innen

74

75

76 Ausfallschritt, Block + Konter

Der Angriff erfolgt mit einem Stockschlag von innen mit einer Hand. Wir gehen mit einem Ausfallschritt nach vorne-links, drehen unseren Oberkörper nach rechts, blocken mit dem rechten Unterarm den Schlagarm und platzieren **gleichzeitig** einen linken Handballenstoß in das Gesicht.

77 Erfassen + Umschlingen   78 Ansatz Armriegel von außen

79
Weiterführung mit Armbeugehebel

Wir erfassen mit der rechten Hand das Handgelenk des Angreifers und umschlingen mit unserem linken Arm von oben in Höhe des Ellenbogengelenkes den gegnerischen Arm. Wir versuchen zunächst einen "Armriegel von außen" (umgekehrter Armstreckhebel) anzusetzen und folgen dann der Rückzugsbewegung des Aggressors in einen Armbeugehebel als **Weiterführungstechnik**.

80

81

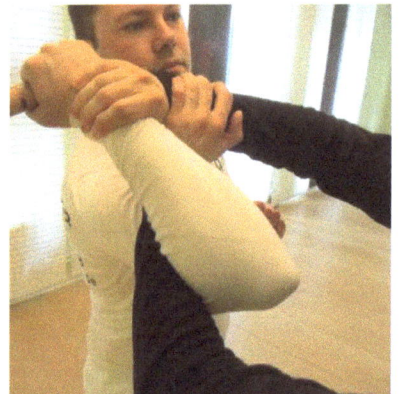
82 Nahaufnahme von Bild 81

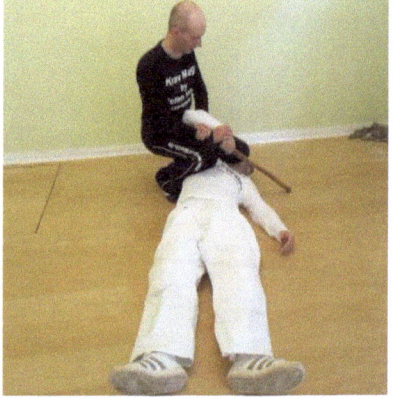
83 festlegen + entwaffnen

Wir nutzen die Kraft der Rückzugsbewegung für unseren Armbeugehebel aus und beugen den Arm nach vorne-links am Gegner vorbei. Dies wird noch dynamisch durch unsere Körperwendung um 180° (Unterschied von Bild 78 zu 81) verstärkt. Dabei verriegeln wir unsere Hände gemäß Bild 82, um den Waffenarm optimal zu fixieren. Der Gegner wird nach hinten zu Boden gebracht. Dann lassen wir uns mit den Knien auf Hals und Rippen fallen.

2.1.2.4. Stockschlag zum vorderen Bein

84

Wir werden mit einem Schlag mit einem Baseballschläger zum vorderen Bein angegriffen.

85 Ausweichen

Wir beugen unseren Oberkörper vor und schwingen in einer gegensätzlichen Bewegung unser vorderes, gefährdetes Bein nach hinten, wo wir es nur kurz auf dem Fußballen absetzen. Der Schlag geht ins Leere.

86 Vorstoß

Sobald der Schlag vorüber ist, schwingen wir das linke Bein wieder vor.

87 Fixierung

Wir ergreifen den Gegner mit der linken Hand und leiten Konteraktivitäten ein.

88 Handballenstoß

Wir platzieren einen rechten Handballenstoß auf das Ohr. Durch den dadurch im Gehörgang entstehenden Überdruck kann das Trommelfell platzen.

89 Knieschlag

Dann erfassen wir den Gegner auch mit der rechten Hand und lassen eine Serie von Knieschlägen zum Kopf folgen, bis er handlungsunfähig ist und wir die Flucht ergreifen können.

3. Ziele am menschlichen Körper

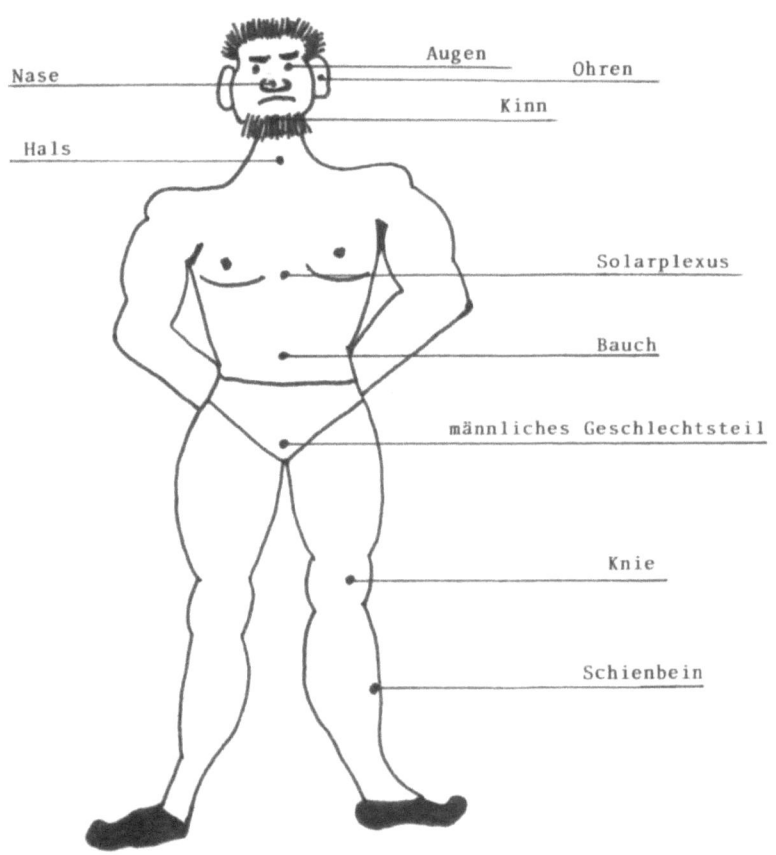

4. Ausführungen zur Notwehr und Nothilfe

In gebotener Kürze und ohne rechtswissenschaftlichen Anspruch soll hier auf die rechtliche Grundlage jeder Selbstverteidigungshandlung mit Hilfe der in diesem Buch gezeigten Techniken eingegangen werden.

Jeder Mensch hat ein durch die Verfassung garantiertes Recht auf körperliche Unversehrtheit. Daraus folgt wiederum, dass jedermann sich (= Notwehr) oder einen anderen (= Nothilfe) gegen einen rechtswidrigen Angriff verteidigen darf. Diese Rechte sind in den Paragraphen 32 Strafgesetzbuch (StGB), 227 Bürgerliches Gesetzbuch (BGB) und 15 Ordnungswidrigkeitengesetz (OWiG) niedergelegt.

Die grundsätzliche Aussage in allen diesen Paragraphen ist, dass eine durch Notwehr gebotene Handlung nicht rechtswidrig ist. Wer sich verteidigt, macht sich also nicht strafbar.
Notwehr ist dabei diejenige Verteidigungshandlung, welche erforderlich ist, um einen gegenwärtigen, rechtswidrigen Angriff von sich oder einem anderen abzuwehren.

Es muss ein Angriff in Form eines menschlichen Verhaltens vorliegen, durch das eine Verletzung rechtlich geschützter Güter oder Interessen droht. Der Angriff muss gegenwärtig sein, das bedeutet, er muss unmittelbar bevorstehen, begonnen haben oder noch andauern. Rechtswidrigkeit ist gegeben, wenn der Angriff gegen gesetzliche Vorschriften verstößt und für den

Angreifer keine Rechtfertigungsgründe (z.B. seinerseits Notwehr = Rechtfertigungsgrund) vorliegen.
Die Verteidigungshandlung, also die Abwehr des Angriffs, muss erforderlich sein. Sie ist erforderlich, wenn sie geeignet ist, den Angriff sofort und nachhaltig unter Anwendung des relativ mildesten verfügbaren Gegenmittels abzuwehren. Dabei gibt es keine Güterabwägung zwischen dem angegriffenen und dem durch die Verteidigungshandlung beeinträchtigten Rechtsgut. Es besteht für den Verteidiger keine Pflicht zum Ausweichen, denn das Recht braucht dem Unrecht nicht zu weichen.

Als vertiefende Literatur zu diesem komplexen Thema kann ich folgende Empfehlungen geben:

- Rolf Schmidt: Strafrecht Allgemeiner Teil, Verlag Dr. Rolf Schmidt GmbH, Grasberg bei Bremen, 8. Auflage 2009, Seite 119 ff.;
- Urs Kindhäuser: Nomos Kommentar Strafgesetzbuch, Nomos Verlagsgesellschaft, Baden-Baden, 4. Auflage 2010, Seite 283 ff.;
- Hans Brox, Wolf-Dietrich Walker: Allgemeiner Teil des BGB, Carl Heymanns Verlag, Köln, 33. Auflage 2009, Seite 291 ff.;
- Reiner Schulze u.a.: Nomos Kommentar Bürgerliches Gesetzbuch, Nomos Verlagsgesellschaft, Baden-Baden, 6. Auflage 2009, Seite 204 ff..

Frankfurter Buchmesse 2010

Stefan Wahle und seine Bücher auf dem Verlagsstand von BoD aus Norderstedt auf der Frankfurter Buchmesse 2010

Besuchen Sie auch den Buch-Shop des Autors in Zusammenarbeit mit Amazon unter
www.buch.guru

www.sw-sportbuch.de

5. Buchempfehlungen

„Optimal statt maximal trainieren!"

Krafttraining mit der ILB-Methode

von
Stefan Wahle

ISBN 978-3-7357-9290-7

zu beziehen über den Buchhandel oder **www.amazon.de**

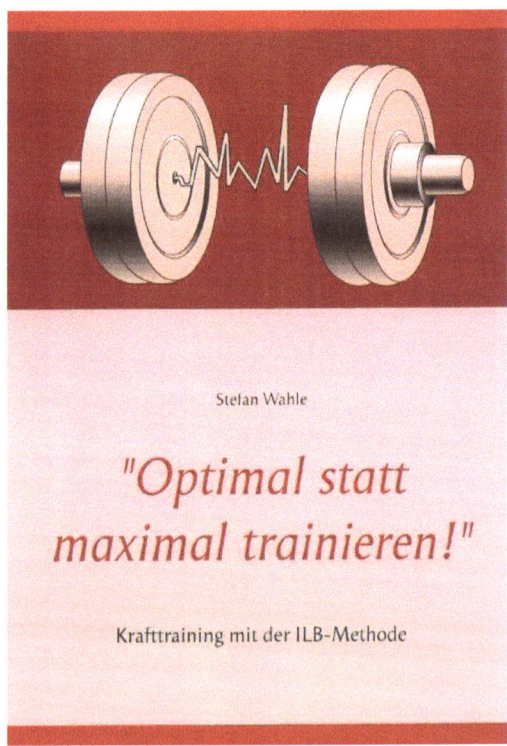

Dieses Buch gibt Antworten auf viele Fragen, wie z.B.:
- wie erkenne ich ein gutes Fitness-Studio,
- wie erkenne ich einen guten Trainer,
- warum ist die Diagnose so wichtig und was beinhaltet sie,
- wie formuliere ich meine Ziele,
- was ist die ILB-Methode,
- wie erfolgt die Trainingsplanung,
- wie wird ein Training optimal durchgeführt,
- wie wird der Trainingserfolg gemessen und vieles mehr...

Der Inhalt gibt den Aufbau einer Hausarbeit der BSA-Akademie für die Trainer-B-Lizenz wieder.

Paperback, 56 Seiten, mit Trainingsplantabellen zur ILB-Methode

Verlag BoD Norderstedt

Preis: EUR 6,99

erhältlich über den Buchhandel unter Angabe der ISBN

„Selbstverteidigung mit dem Kubotan /
Palm Stick by Stefan Wahle"

- Grundtechniken und praktische Anwendung -

von
Stefan Wahle

ISBN 978-3-8423-8190-2

zu beziehen über den Buchhandel oder **www.amazon.de**

Die Selbstverteidigungsmöglichkeiten mit dem Kubotan oder Ersatzweise mit einem handelsüblichen Kugelschreiber werden mit 150 Fotos im Detail dargestellt. Jeder kleine Zwischenschritt ist erkennbar und auch für Anfänger nachvollziehbar. Ergänzt wird das Ganze durch ausführlich erklärende Texte. Seien Sie kein Opfer, sondern lernen Sie sich zu verteidigen! Der Autor ist langjähriges Vorstandsmitglied des American Ju-Jutsu Landesverband Hamburg von 1993.

Paperback, 68 Seiten, über 150 Fotos

Verlag BoD Norderstedt

erhältlich über den Buchhandel unter Angabe der ISBN

Weitere Informationen zu den Büchern von Stefan Wahle unter www.sw-sportbuch.de

„Krav Maga – Grundtechniken und praktische Anwendung"

Israelische Selbstverteidigung

von
Stefan Wahle

ISBN 978-3-8482-0227-0

zu beziehen über den Buchhandel oder **www.amazon.de**

In diesem deutschsprachigen Buch werden die Grundtechniken des israelischen Selbstverteidigungssystems Krav Maga und deren praktische Anwendung mit über 300 Fotos und ausführlich erklärenden Texten dargestellt. Der Autor ist Mitglied in diversen nationalen und internationalen Krav Maga Verbänden und verfügt über eine 30jährige Kampfkunst-/Kampfsporterfahrung.

Dieses Lehrbuch ist offiziell von der Krav Maga Sawah Organisation Deutschland autorisiert. Es handelt sich um die 3. Auflage 2016.

160 Seiten, Paperback

Verlag BoD – Books on Demand, Norderstedt

EUR 18,99

Auch als E-Book erhältlich!

6. Über den Autor

Trainerqualifikationen und Graduierungen
- Krav Maga Instructor MAA, KM Sawah, WKMA, KMCC
- Entspannungstrainer, Note 1
- Trainer für Sportrehabilitation, Note 1
- Fitnesstrainer B-Lizenz, Note 1
- Lehrer für Qigong, zertifiziert vom TQN, DDQT und diversen gesetzlichen Krankenkassen
- Lehrbefähigungsnachweis Ju-Jutsu seit 1990
- Prüferlizenz Ju-Jutsu von verschiedenen Verbänden, erstmals 1992
- 6. Dan Ju-Jutsu
- Lehrer für Ju-Jutsu; Lizenz verschiedener Verbände

Wettkampferfolge
- 1. Platz Hamburger Meisterschaft Ju-Jutsu-Formenwettkampf 1992
- 3. Platz Hamburger Meisterschaft Ju-Jutsu Kampf 1995
- 3. Platz Hamburger Meisterschaft Ju-Jutsu Kampf 1994
- 4. Platz Internationale Deutsche Meisterschaften moderne Kata 1997 in Lauenburg
- 4. Platz Deutsche Meisterschaft Ju-Jutsu-Formenwettkampf 1992
- 5. Platz Hamburger Meisterschaft Ju-Jutsu Kampf 1996
- 1. Platz zweiter „happy run" 5 Km Nordic-Walking in Wahlstedt 2010
- 3. Platz German Taijiquan Open 2012 in Hannover
- 4. Platz Wu Wei Cup 2012 in Hamburg
- 1. Platz Sparkassen-Ostseelauf Timmendorfer Strand Nordic-Walking 5 Km 2013
- 1. Platz Stadtwerkelauf Tornesch, NW 5 Km 2013-2015

Veröffentlichungen
- diverse Sammelbände 2014
- Kurskonzept Frauenselbstverteidigung 2014
- Rückenqigong 2014
- Der fliegende Kranich - Qigong in 5 Bänden 2013
- Buch „Die 6 heilenden Laute" 2013
- Buch „Das muskel- und sehnenstärkende Qigong" 2012
- Buch „Sawah Kung Fu Grundtechniken" 2012
- Buch „Shaolin Qin Na Sawah Kuen" 2012
- Buch „Taijiquan für Einsteiger..." 2012
- Buch „Selbstverteidigung mit dem Kubotan / Palm Stick by Stefan Wahle" 2011
- Buch „Das Spiel der 5 Tiere" 2011
- Buch „Konzept zur Durchführung eines Entspannungskurses..." 2011
- Buch „Die 24er Pekingform Taijiquan" 2011
- Buch „Die 8 Brokate by Stefan Wahle" 2010
- Buch „Ju-Jutsu Frauenselbstverteidigung" 2010
- Buch „Optimiertes Krafttraining mit der ILB-Methode" 2009
- Buch „Ju-Jutsu Straßenkampftechniken" überarbeitete Neuauflage 2009
- Artikel „Optimiertes Krafttraining mit der ILB-Methode" in der Zeitschrift „shape up Trainer's only", Heft Nr. 5 2009
- Buchveröffentlichung „Realistische Frauenselbstverteidigung" 1994/95
- Buchveröffentlichung „Ju-Jutsu Straßenkampftechniken" 1993

Auszeichnungen
- Budoka Award der Martial Arts Association Int. 2013

- Ehrenkreuz der MAA 2012
- Hall of Fame + Dragon Medal der MAA 2011
- Verleihung der Ehrenmedaille durch den American Ju-Jutsu Landesverband Hamburg e.v. für den Aufbau der Akademie für Frauenselbstverteidigung 1997

Besondere Lehrgänge
- Lehrgang bei Dan Inosanto in Speyer 1996

Tätigkeiten
seit 2008   Fernstudium Fitness
                  an der BSA Akademie
                  anerkannt durch den DSSV
                  e.V.
seit 2001   freiberuflicher Trainer
1993 bis 2001   Landestrainer beim American
                  Ju-Jutsu Landesverband
                  Hamburg e.V.

Mitglied in den Verbänden (Stand 12-2015)
- Taijiquan & Qigong Netzwerk Deutschland e.v.
- Chinesisch-Deutscher Kampfkunstverein e.v.
- Martial Arts Association - International
- Deutsche Budo Organisation e.v.
- Zertifizierung durch das Deutsche Trainerregister DSSV
- World Krav Maga Association
- Krav Maga Sawah® Organisation Deutschland
- Deutsche Kampfkunst Föderation e.V.
- Deutsches Dan-Kollegium e.V. (DDK)
- Sawah® Qigong und Taijiquan Gesellschaft
- American Ju-Jutsu Landesverband Hamburg von 1993
- F.T.U. Freie Taekwondo Union

Man kann mich als Personal Trainer für folgende Bereiche buchen:
- Muskelaufbautraining mit Geräten,
- Cardio-Training,
- Boxtraining,
- Nordic-Walking,
- Selbstverteidigung,
- Qigong, Taijiquan,
- gemeinsame Entwicklung von Trainingsplänen mit erreichbaren Zielen.

Kontakt:

Stefan Wahle

E-Mail: info@sw-sportbuch.de

Internet: www.sw-sportbuch.de

Fan-Page von Stefan Wahle bei Facebook.com:
http://www.facebook.com/Stefan.Wahle.Autor

Sport Awards der Martial Arts Association 2011

Aufnahme in die Hall of Fame und
Verleihung der Dragon Medal

Stefan Wahle, Krav Maga Full Instructor

www.sw-sportbuch.de

www.buch.guru

Stefan Wahle, 6. Dan Ju-Jutsu
www.sw-sportbuch.de
www.buch.guru